Caillou MD

va à la pêche

Adaptation du dessin animé: Anne
Illustrations : Eric Sévigny, d'après le

chouette dhx media®

–Debout! dit papa. Il ne faudrait pas faire attendre les poissons!

Caillou doit se lever très tôt pour aller à la pêche.

–Je vais pêcher plein de poissons! s'exclame Caillou.

–Parfois, les bons pêcheurs n'en attrapent qu'un seul, répond papa.

–Je vais en pêcher un gros alors… un très gros!

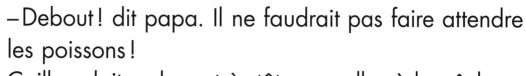

Caillou entend papi qui arrive. Il court lui faire un câlin.
—Ton chapeau est drôle, dit Caillou en riant.
—Lorsque je mets ce chapeau, j'attrape toujours des
poissons, explique papi. C'est mon chapeau porte-chance!
—J'espère que tu auras plus de chance que la dernière fois,
rigole maman. Tu n'avais rien pêché.

Arrivés au bord de l'eau, les pêcheurs préparent leur matériel.

—Voici ta canne à pêche et ton chapeau porte-chance, dit papi.

Caillou est ravi. Il se sent comme un vrai pêcheur.

—Je suis prêt ! dit Caillou. On y va ?

—Allons d'abord acheter quelques appâts pour les poissons, dit papa.

Dans la boutique, Caillou remarque des plumes comme celles qui décorent le chapeau de papi.

—Ce sont des leurres et des mouches pour attirer le poisson, explique papi.

Papa revient avec les appâts.

—Des vers de terre? demande Caillou.

—Les poissons adorent ça. Pour eux, c'est un vrai régal!

Les pêcheurs patientent depuis un bon moment déjà.
–Quand est-ce que les poissons vont venir manger?
s'écrie Caillou.
–Chut, murmure papa. Il ne faut pas les effrayer. Les
poissons sont habitués aux bruits de la nature. Écoute.
Caillou tend l'oreille. Il entend le bruit de l'eau, le cri
d'un oiseau, puis le battement d'ailes d'une libellule.

Caillou entend aussi le moulinet d'une canne à pêche.
–Regardez là-bas! Le monsieur a attrapé un poisson!
L'homme décroche sa prise et la remet à l'eau.
–Pourquoi il ne garde pas son poisson? demande
Caillou.
–Ce poisson était trop petit, explique papi. Il doit
encore grandir pour devenir un gros poisson.

Caillou commence à être fatigué d'attendre sans bouger.
– À la pêche, il faut être très patient… comme papi!
Il a beaucoup d'expérience, dit papa.
Caillou et papa regardent papi qui s'est endormi.
Ils pouffent de rire.
– Que dirais-tu si nous faisions une pause, nous aussi?
propose papa.

Papa et Caillou vont voir les bateaux de pêche.
–Mais que vont faire les pêcheurs avec tous
ces poissons? demande Caillou.
–Je suppose qu'ils vont les vendre à la
poissonnerie, où les clients pourront les acheter
pour les manger.
Caillou aussi aimerait rapporter un poisson
pour le repas.
–Viens, papa. On va essayer d'en pêcher un.

Caillou souhaite vraiment attraper un poisson.
Il reste assis sans bouger et attend. Tout à coup,
il sent quelque chose tirer sur le fil de sa canne
à pêche.
— Papa ! J'ai un poisson !
— Vite, tourne le moulinet ! dit papa.
Caillou remonte la ligne. Un petit poisson gigote
au bout de l'hameçon, mais il tombe à l'eau.

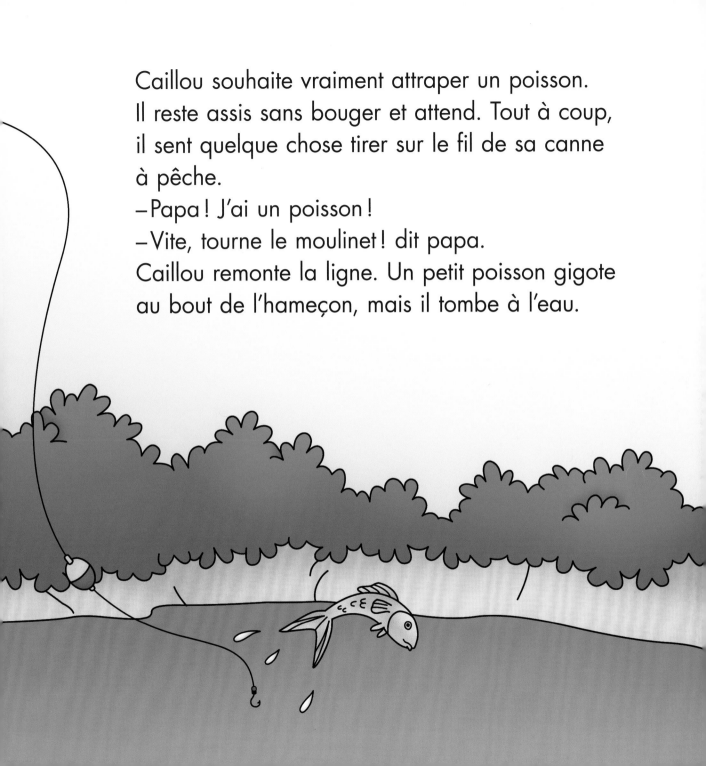

Caillou est déçu d'avoir perdu
le poisson.
—La prochaine fois, tu auras plus
de chance, dit papi. Et le petit
poisson sera devenu grand.
Caillou est tout de même content
d'être venu pêcher.
—Tout cet air frais m'a ouvert l'appétit,
dit papa.
—Mais on n'a pas de poisson pour
le repas, répond Caillou.

Papi a une idée.

–Faites-moi confiance, j'ai beaucoup d'expérience.

Je connais un endroit où il y a beaucoup de poissons.

De retour à la maison, Caillou tend un paquet à maman.

–Waouh, c'est un beau poisson !

Caillou ne peut s'empêcher de rire.

–On l'a pêché pour toi
à la poissonnerie !

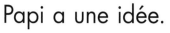

Texte : adaptation par Anne Paradis du dessin animé CAILLOU,
produit par DHX Media inc.
Tous droits réservés.
Scénario original : Sarah Musgrave et Jason Bogdaneris
Épisode original n° 190 : Caillou va à la pêche
Illustrations : Eric Sévigny, d'après le dessin animé CAILLOU

Nous reconnaissons l'aide financière du gouvernement du Canada par l'entremise
du Fonds du livre du Canada pour nos activités d'édition.

 Patrimoine canadien   Canadian Heritage

Nous remercions le ministère de la Culture et des Communications du Québec
et la SODEC de l'aide apportée à la publication et à la promotion de cet ouvrage.

SODEC
Québec

Catalogage avant publication de Bibliothèque et Archives nationales
du Québec et Bibliothèque et Archives Canada

Paradis, Anne, 1972-
Caillou va à la pêche
(Château de cartes)
Pour enfants de 3 ans et plus.

ISBN 978-2-89718-182-6

1. Patience - Ouvrages pour la jeunesse. I. Sévigny, Éric. II. Titre. III. Collection : Château
de cartes (Montréal, Québec).

BJ1533.P3P372 2015   j179'.9   C2014-941244-4

Imprimé au Canada
10 9 8 7 6 5 4 3 2 1 CHO1925 OCT2014